Stoicyzm &
przywództwo

Stoickie zasady etycznego przywództwa i samokontroli

BILER RUPENSE

« *Nie ma sprzyjającego wiatru dla tych, którzy nie wiedzą, dokąd zmierzają* ».

— Seneka

Zawartość

Połączenie stoickiej mądrości z nowoczesnym przywództwem

Świat przywództwa nieustannie ewoluuje, stawiając czoła złożonym i zmieniającym się wyzwaniom. W tym dążeniu do etycznego, odpornego i inspirującego przywództwa, starożytne nauki stoicyzmu oferują ponadczasowy wgląd. Ta starożytna filozofia, opracowana przez myślicieli takich jak Seneka, Epiktet i Marek Aureliusz, oferuje praktyczne zasady, które prowadzą liderów w ich dążeniu do doskonałości.

Ta książka jest eksploracją tego, w jaki sposób zasady stoickie spełniają wymagania współczesnego przywództwa. Zagłębimy się w podstawy tej filozofii, badając, w jaki sposób jej podstawowe zasady - samokontrola, cnota, odporność w obliczu przeciwności losu i jasność umysłu - mogą wzbogacić i przekształcić praktykę współczesnego przywództwa.

Każdy rozdział tej książki ujawni aspekt stoicyzmu zastosowany w przywództwie, oferując dogłębne zrozumienie jego wpływu na podejmowanie decyzji, zarządzanie zespołem, komunikację i wiele innych. Przedstawione zostaną konkretne przykłady i praktyczne ćwiczenia, które pomogą zintegrować te nauki z codziennym życiem liderów, promując zrównoważone i przemyślane podejście.

Dzięki tej eksploracji odkryjemy, jak stoicyzm, daleki od bycia zwykłą filozofią, jest praktycznym przewodnikiem dla liderów, którzy chcą tworzyć wysokowydajne, odporne i inspirujące zespoły. Dołącz do nas w podróży, która łączy starożytną mądrość z wyzwaniami i możliwościami współczesnego przywództwa, aby kształtować etyczne, wizjonerskie i zrównoważone przywództwo.

Stoickie fundamenty przywództwa

Przywództwo wykracza daleko poza koncepcję władzy czy kierowania. Jest definiowane przez zaangażowanie w etykę, odporność i inspirację. Ten inauguracyjny rozdział zagłębia się w podstawy stoicyzmu, starożytnej i potężnej filozofii, aby zbadać, w jaki sposób można ją wykorzystać jako przewodnik do kształtowania etycznych, skoncentrowanych i skutecznych liderów.

Analizując zasady stoicyzmu, odkrywamy ponadczasowe narzędzia do budowania wybitnych liderów. Zasady te, zdefiniowane przez takie postacie jak Seneka, Epiktet i Marek Aureliusz, wykraczają poza wieki, oferując unikalną perspektywę tego, co naprawdę oznacza przewodzenie.

Rozdział ten służy jako brama do dogłębnego zbadania, w jaki sposób stoicyzm może informować i przekształcać praktykę przywództwa. Łącząc odwieczną mądrość z imperatywami współczesnego przywództwa, wytycza ścieżkę w kierunku przywództwa zakorzenionego w etyce, odporności i inspiracji, oferując unikalny wgląd w to, co naprawdę oznacza przywództwo we współczesnym świecie.

Stoicyzm: niezbędne wprowadzenie

Stoicyzm wykracza poza proste zasady, stając się prawdziwą sztuką życia, nasyconą praktyczną mądrością. Jego korzenie tkwią w naukach i doświadczeniach ikonicznych postaci, takich jak Seneka, Epiktet i Marek Aureliusz, których pisma ukształtowały ponadczasowe zasady kultywowania spokoju, cnoty i jasności umysłu.

Te fundamentalne filary stoicyzmu nie są jedynie aforyzmami, ale nieocenionymi przewodnikami w kształtowaniu naszego życia. Seneka, ze swoją determinacją do życia zgodnie z rozumem i ostrzeżeniem przed nadmiernym pożądaniem, zachęca nas do zachowania umiaru i samokontroli.

Epiktet, były niewolnik, który stał się filozofem, zaleca zaakceptowanie tego, czego nie można zmienić i zachęca nas do skupienia się na tym, co naprawdę kontrolujemy, oferując praktyczne podejście do pokonywania przeszkód i odnajdywania wewnętrznego spokoju.

Jeśli chodzi o Marka Aureliusza, rzymskiego cesarza i filozofa, jego intymne dzieło „Myśli o sobie" ujawnia jego codzienne dążenie do życia w zgodzie z cnotą, promując życie oparte na etyce, współczuciu i mądrości.

Te wybitne postacie stoicyzmu robią coś więcej niż tylko głoszą abstrakcyjne przykazania; oferują żywe zasady zakorzenione w codziennej rzeczywistości. Ich nauki zachęcają nas do przekształcenia tych ideałów w namacalne praktyki kształtujące nasze postawy, nasze działania i sposób, w jaki przewodzimy, tworząc solidne ramy dla oświeconego i odpornego przywództwa.

Stoickie zasady mające zastosowanie do przywództwa

Dychotomia kontroli: Sercem stoicyzmu jest kluczowe rozróżnienie między tym, co zależy od nas, a tym, co nie. Stoiccy przywódcy koncentrują swoją energię na tym, co mogą kontrolować: swoich działaniach, wartościach, decyzjach.

Cnota jako przewodnik: Dla stoików cnota jest kluczem do szczęścia. Stoiccy przywódcy starają się kultywować mądrość, odwagę, sprawiedliwość i wstrzemięźliwość w swoim przywództwie.

Odporność w obliczu przeciwności: Stoicyzm uczy mentalnego przygotowania w obliczu nieuniknionych wyzwań. Stoiccy liderzy postrzegają przeszkody jako okazje do rozwoju, adaptacji i inspiracji.

Akceptacja zmian: Bycie stoikiem oznacza akceptowanie zmian i dostosowywanie się do zmieniających się okoliczności bez utraty z oczu swoich podstawowych wartości.

Stoicyzm i przywództwo: potężne połączenie

Celem jest połączenie niezmiennej mądrości stoicyzmu z dynamicznymi i ewoluującymi wyzwaniami współczesnego przywództwa.

Łącząc te dwie sfery, zmierzamy w kierunku rewolucyjnego podejścia do przywództwa, zakorzenionego w etyce i odporności.

Ten mariaż między odwiecznymi naukami stoików a imperatywami współczesnego przywództwa otwiera transformacyjną przestrzeń, w której starożytna mądrość oświetla nowe ścieżki autentycznego, proaktywnego przywództwa.

Ten wstępny rozdział ma na celu ustanowienie ram dla zrozumienia, w jaki sposób stoickie zasady, takie jak samokontrola, odporność w obliczu przeciwności losu i skupienie się na tym, co jest pod naszą kontrolą, mogą zostać zintegrowane ze złożoną dynamiką współczesnego przywództwa. Stanowi to podstawę do dogłębnego zbadania, w jaki sposób te ponadczasowe zasady mogą wpływać na praktykę przywództwa w dzisiejszym świecie.

Stoickie przywództwo etyczne

« *Musimy dbać nie tylko o to, co robimy,*

ale także o to, kim jesteśmy ».

— Seneka

Stoicka cnota i integralność przywództwa

Stoicy, w samym sercu swojej filozofii, postrzegali cnotę jako istotę szczęścia. Dla nich bycie cnotliwym oznaczało znacznie więcej niż tylko działanie zgodne ze standardami moralnymi; oznaczało to przyjęcie sposobu życia kierującego się wysokimi zasadami, takimi jak mądrość, odwaga, sprawiedliwość i wstrzemięźliwość. W kontekście stoickiego przywództwa cnota ta ma ogromne znaczenie, wpływając na każdy aspekt podejmowania decyzji i interakcji z innymi.

Niezachwiana uczciwość jest głównym filarem tej cnoty dla przywódców stoickich. Wykracza ona daleko poza zwykłą uczciwość czy zgodność ze standardami etycznymi. Chodzi o stałą spójność między najgłębszymi wartościami lidera a jego konkretnymi codziennymi działaniami. Liderzy ci są zaangażowani w ucieleśnianie swoich najgłębszych przekonań, nawet jeśli oznacza to dokonywanie trudnych lub niepopularnych wyborów.

Taka uczciwość, będąca podstawowym filarem stoickiego przywództwa, tworzy solidne podstawy zaufania i lojalności w zespole. Gdy działania lidera wiernie odzwierciedlają jego podstawowe wartości, tworzy to podatny grunt do inspirowania i motywowania innych. Członkowie zespołu dostrzegają tę spójność i czują się bezpiecznie w środowisku, w którym decyzje podejmowane są w oparciu o etyczną wizję i intencje zgodne z jasnymi zasadami.

Tak więc dla stoickich liderów uczciwość to coś więcej niż tylko słowa; to głębokie zaangażowanie w wartości niematerialne, przejawiające się w konkretnych działaniach. Uosabiając tę niezachwianą uczciwość w każdej decyzji i interakcji, liderzy ci kultywują żyzny grunt, na którym kwitnie zaufanie, a lojalność staje się namacalną rzeczywistością.

Osobista odpowiedzialność i stoickie przywództwo

Odpowiedzialność osobista jest istotnym filarem filozofii stoickiej. Dla stoików wykracza ona daleko poza zwykłe branie odpowiedzialności za własne działania. Jest to głębokie uznanie moralnego obowiązku wobec wpływu, jaki te działania mogą mieć na otaczający nas świat.

Stoiccy liderzy, przesiąknięci tą filozofią, rozumieją, że ich odpowiedzialność wykracza daleko poza ich indywidualne działania. Dostrzegają swój wpływ na zespół, organizację i społeczeństwo jako całość. Świadomość ta skłania ich do bycia agentami etycznych zmian i brania odpowiedzialności za kierunek, który nadają.

Wewnętrznie liderzy ci uznają swoją odpowiedzialność wobec zespołu. Rozumieją, że nie są po prostu menedżerami, ale przewodnikami i facylitatorami indywidualnego potencjału. Starają się stworzyć środowisko sprzyjające osobistemu i zawodowemu wzrostowi i rozwojowi, biorąc odpowiedzialność za dobre samopoczucie i spełnienie swoich pracowników.

Na poziomie organizacyjnym stoiccy liderzy patrzą poza bezpośrednie interesy. Rozumieją swoją rolę w tworzeniu kultury korporacyjnej opartej na solidnych wartościach i uczciwości. Biorą odpowiedzialność za kształtowanie wizji, która wykracza poza krótkoterminowe zyski, faworyzując zrównoważone podejście, które przyczynia się do spełnienia firmy i jej interesariuszy.

Wreszcie, odpowiedzialność społeczna jest kluczowym aspektem dla tych liderów. Dostrzegają oni wpływ swoich działań na społeczeństwo jako całość. Biorą odpowiedzialność za przyczynianie się do lepszego świata, zapewniając, że ich decyzje i działania nie szkodzą społeczności, ale raczej dodają jej wartości.

Tak więc dla stoickich liderów osobista odpowiedzialność jest wszechogarniającym zobowiązaniem do uczciwości, rozwoju i dobrobytu, nie tylko dla nich samych, ale dla wszystkich, na których mają bezpośredni lub pośredni wpływ. To właśnie głębokie zrozumienie odpowiedzialności kieruje ich etycznym przywództwem i trwałym wpływem na otaczający ich świat.

Stoicka złota zasada: działaj w zgodzie z naturą

Dla stoików działanie w zgodzie z naturą oznacza życie w zgodzie z naturalnym porządkiem rzeczy. Wykracza to poza zwykłą obserwację zjawisk naturalnych; oznacza również życie w zgodzie z rozumem, cnotą i logiką nieodłącznie związanymi z naszą ludzką naturą. Stoiccy przywódcy stosują tę zasadę jako fundamentalny przewodnik dla swoich decyzji i działań, starając się wcielać uniwersalne zasady w swoje przywództwo.

Harmonizacja z naturą, w rozumieniu stoików, nie jest biernym poddaniem się zewnętrznym wydarzeniom, ale raczej proaktywną postawą opartą na rozsądku i cnocie. Stoiccy przywódcy kultywują oświeconą racjonalność w swoich decyzjach, unikając impulsywnych lub emocjonalnych reakcji. Zamiast tego starają się przyjąć przemyślane i logiczne podejście, biorąc pod uwagę długoterminowe konsekwencje swoich działań.

Uczciwość i cnota leżą u podstaw tej filozofii. Stoiccy przywódcy podejmują sprawiedliwe i etyczne decyzje w oparciu o uniwersalne zasady, a nie osobiste lub ulotne interesy. Ich celem jest promowanie wspólnego dobra i zbiorowego spełnienia, a nie krótkoterminowych indywidualnych korzyści.

Zgodność z naturą według stoików nie ogranicza się do indywidualistycznego podejścia. Obejmuje również uznanie wzajemnych powiązań wszystkich rzeczy. Stoiccy liderzy biorą pod uwagę wpływ swoich decyzji na zespół, organizację i społeczeństwo jako całość. Starają się działać w sposób, który promuje harmonię i równowagę w tych złożonych systemach.

Przyjmując zasadę życia w harmonii z naturą, przywódcy stoiccy dążą do stworzenia środowiska pracy, w którym rozum, cnota i logika kierują działaniami, promując w ten sposób decyzje, które są etyczne, sprawiedliwe i zgodne z uniwersalnymi zasadami. Takie podejście kieruje nie tylko ich strategicznymi decyzjami, ale także codziennym zachowaniem, tworząc etyczne i zrównoważone przywództwo.

Przywództwo i stoicka empatia

Stoicyzm, często kojarzony z samokontrolą i kontrolą emocjonalną, nie lekceważy znaczenia empatii w przywództwie. Stoiccy liderzy integrują samokontrolę z głębokim zrozumieniem i aktywną praktyką empatii, uznając jej kluczową rolę we wzmacnianiu relacji międzyludzkich w swoich zespołach.

Stoicka samokontrola to nie tylko zarządzanie osobistymi emocjami; obejmuje ona również zdolność do rozpoznawania i rozumienia emocji innych. Stoiccy liderzy kultywują wrażliwość emocjonalną, która pozwala im zrozumieć potrzeby, obawy i perspektywy swoich współpracowników. Ta empatia oznacza nie tylko odczuwanie emocji innych, ale także rozumienie ich z racjonalną jasnością, bez dawania się im ponieść.

Ta równowaga między samokontrolą a empatią umożliwia stoickim liderom budowanie relacji opartych na zaufaniu i wzajemnym szacunku w ich zespołach. Poprzez głębokie zrozumienie wyzwań i aspiracji swoich ludzi, liderzy ci mogą dostosować swoją komunikację, podejmowanie decyzji i styl przywództwa, aby lepiej zaspokoić indywidualne i zbiorowe potrzeby.

Empatia stoickich liderów nie jest ich słabością, lecz siłą. Wspiera ona kulturę organizacyjną opartą na zrozumieniu, współpracy i wzajemnym wsparciu. Liderzy ci otwarcie zachęcają do wyrażania emocji, zachowując jednocześnie świadomą perspektywę i jasność umysłu w rozwiązywaniu problemów i podejmowaniu decyzji.

W ten sposób połączenie stoickiej samokontroli i aktywnej empatii umożliwia stoickim liderom tworzenie środowisk pracy, w których szanuje się relacje międzyludzkie, zachęca do wzajemnego zrozumienia, a jednostki czują się wspierane i doceniane. Takie zrównoważone podejście przyczynia się do skutecznego i etycznego przywództwa, w którym racjonalność i emocje harmonijnie współistnieją.

Samokontrola
i stoicka odporność

« *Podążaj za uniwersalną naturą, zgodnie z którą istnieją wszyscy inni* ».

— Marek Aureliusz

Samokontrola: klucz do stoickiego przywództwa

Samokontrola była kluczowym elementem filozofii stoickiej, uważanym za fundament mądrości i cnoty. Dla przywódców stoickich umiejętność zarządzania swoimi myślami, emocjami i działaniami miała kluczowe znaczenie, zapewniając opanowanie i stabilność emocjonalną w każdych okolicznościach.

Stoicka samokontrola opiera się na zrozumieniu tego, co jest pod naszą kontrolą, a co nie. Stoiccy przywódcy koncentrują swoje wysiłki i energię na tym, na co mogą bezpośrednio wpływać, a mianowicie na swoich postawach, reakcjach i zachowaniu. Rozwijają stałą czujność nad swoimi myślami, starając się kształtować je w kierunku racjonalności i jasności, zamiast poddawać się impulsywnym lub destrukcyjnym emocjom.

Kultywowanie tej zdolności do samokontroli umożliwia stoickim liderom utrzymanie stabilności emocjonalnej w obliczu przeciwności losu lub presji zewnętrznej. Uczą się oni zachowywać spokój i refleksyjność nawet w chwilach silnego stresu, co pozwala im podejmować świadome i etyczne decyzje.

Ta samokontrola nie ogranicza się do biernej introspekcji; przekłada się na konkretne działania. Stoiccy liderzy działają w sposób zgodny z ich podstawowymi wartościami, nawet jeśli oznacza to dokonywanie trudnych lub niepopularnych wyborów. Ich konsekwencja w etyce i zachowaniu wzmacnia zaufanie zespołu i wzbudza szacunek.

Krótko mówiąc, dla stoickich liderów samokontrola nie jest po prostu ideałem, ale codzienną praktyką. Rozwijając tę umiejętność zarządzania swoimi myślami, emocjami i działaniami, kształtują spokój i stabilność, które pomagają im mądrze i etycznie kierować swoimi zespołami w najbardziej krytycznych momentach.

Przygotowanie mentalne i przewidywanie przeszkód

Dla stoików przygotowanie psychiczne jest kluczowym elementem odporności. Opowiadali się oni za przewidywaniem przeszkód i mentalnym przygotowaniem na przeciwności losu jako niezbędnymi środkami do pozostania silnym i odpornym w obliczu życiowych wyzwań. Liderzy stoiccy przyjmują tę filozofię, rozwijając zdolność przewidywania różnych scenariuszy, wzmacniając swoją zdolność adaptacji i zwinność w obliczu zmian.

To proaktywne przewidywanie przeszkód pozwala stoickim liderom przygotować się psychicznie na niekorzystne okoliczności. Nie skupiają się tylko na oczekiwanych sukcesach, ale także przewidują potencjalne trudności. To mentalne przygotowanie sprawia, że są mniej podatni na niespodzianki i szoki emocjonalne, gdy pojawiają się przeszkody.

Wyobrażając sobie różne sytuacje i mentalnie przygotowując się do radzenia sobie z nimi, stoiccy liderzy rozwijają swoją zwinność i zdolność adaptacji. Stają się zdolni do szybkiego obracania się, gdy pojawiają się nieoczekiwane okoliczności, zamiast być zdezorientowanym lub zablokowanym przez nieoczekiwane. To przygotowanie daje im spokojną pewność siebie, ponieważ wiedzą, że są mentalnie przygotowani na różne scenariusze.

Nie oznacza to, że koniecznie spodziewają się najgorszego, ale że kultywują przygotowany i odporny sposób myślenia. Starają się być gotowi do działania z jasnością i spokojem, niezależnie od okoliczności, co pozwala im prowadzić swoje zespoły z pewnością siebie nawet w czasach kryzysu.

Krótko mówiąc, zdolność stoickich liderów do przewidywania przeszkód i mentalnego przygotowania się na przeciwności losu wzmacnia ich odporność i zdolność adaptacji. To przygotowanie pozwala im pozostać zwinnymi w obliczu zmian, jednocześnie utrzymując stabilne i uspokajające przywództwo dla swojego zespołu, niezależnie od okoliczności.

Akceptowanie i przekształcanie niepowodzeń

Stoicyzm oferuje unikalną perspektywę akceptacji niepowodzeń. Dla stoików zdolność do przyjmowania niepowodzeń jako okazji do rozwoju jest sercem ich filozofii. Liderzy stoiccy przyjmują tę naukę, przekształcając porażki w lekcje, koncentrując się na nauce, a nie na naprawianiu błędów z przeszłości.

Dla tych liderów każda porażka stanowi okazję do nauki i rozwoju. Zamiast postrzegać je jako ostateczne porażki, postrzegają je jako

momenty refleksyjnej analizy. Starają się zrozumieć, co doprowa-
dziło do niepowodzenia, jakie lekcje można wyciągnąć i jak mogą
poprawić się w przyszłości.

Taka mentalność pozwala stoickim liderom przezwyciężyć zniechę-
cenie lub porażkę w obliczu niepowodzeń. Zamiast rozpamiętywać
negatywne emocje związane z porażką, przyjmują proaktywną i
konstruktywną postawę. Kierują swoją energię na rozwój osobisty
i zawodowy, przekształcając niepowodzenia w katalizatory rozwoju.

Kultywując umiejętność wyciągania wniosków z niepowodzeń, stoiccy liderzy wzmacniają swoją odporność. Stają się bardziej zwinni
i lepiej przygotowani do stawienia czoła przyszłym wyzwaniom. Co
więcej, takie podejście inspiruje ich zespół, pokazując znaczenie
zdolności adaptacyjnych, odpowiedzialności i ciągłego uczenia
się, tworząc w ten sposób kulturę organizacyjną nastawioną na
ciągłe doskonalenie.

Krótko mówiąc, dla stoickich liderów akceptowanie niepowodzeń
jako okazji do rozwoju jest kamieniem węgielnym ich filozofii. Przekształcając niepowodzenia w lekcje, budują przywództwo, które
zachęca do odporności, zdolności adaptacyjnych i ciągłego dążenia
do doskonałości.

Praktyka stoickiej uważności

Uważność odgrywa kluczową rolę w praktyce stoickiego przywództwa. Dla tych liderów uważność oznacza pozostawanie w pełni

obecnym w danej chwili, oderwanym od zmartwień o niepewną przyszłość lub żalu z powodu przeszłości. Zdolność ta umożliwia im podejmowanie świadomych i przemyślanych decyzji, zakotwiczonych w obecnej rzeczywistości.

Praktyka uważności pozwala przywódcom stoickim kultywować jasność umysłu. Skupiają się na obecnych okolicznościach, eliminując niepotrzebne mentalne rozproszenia. Daje im to jaśniejszą perspektywę, z której mogą oceniać sytuacje, odpowiednio reagować i podejmować decyzje w oparciu o fakty, a nie emocje.

Unikając zagubienia się w domysłach na temat przyszłości lub żalu z powodu przeszłości, przywódcy stoiccy rozwijają odporność emocjonalną. Uczą się akceptować i radzić sobie z nieoczekiwanym ze spokojem, promując w ten sposób lepsze zarządzanie stresem i niepokojem.

Ta praktyka uważności nie oznacza ignorowania lekcji z przeszłości ani zaniedbywania planowania przyszłości. Wręcz przeciwnie, zachęca do zdrowej refleksji i starannego przygotowania, ale nie staje się źródłem ciągłego zmartwienia.

Ostatecznie, dla stoickich liderów uważność jest potężnym narzędziem, które pozwala im zachować obecność umysłu w chwili obecnej. Pomaga im to podejmować świadome decyzje, mądrze radzić sobie z wyzwaniami i kultywować jasną i zrównoważoną wizję, prowadząc swoje zespoły do sukcesu w stale zmieniającym się świecie.

W kolejnych rozdziałach zagłębimy się w to, w jaki sposób stoickie zasady samokontroli i odporności mogą być stosowane w konkretnych kontekstach przywództwa. Podkreślą one, w jaki sposób umiejętności te mogą być cennymi atutami w podejmowaniu strategicznych decyzji, zarządzaniu zespołem, rozwiązywaniu konfliktów i wielu innych aspektach współczesnego przywództwa.

Stoicka zdolność adaptacji w przywództwie

« *Aby być w harmonii z samym sobą*

musisz poznać innych ».

— Seneka

Akceptacja zmian: stoicki fundament

Stoicy zawsze podkreślali znaczenie nieuniknionej akceptacji zmian. Dla stoickich liderów idea ta ma fundamentalne znaczenie. Przyjmują ją w pełni, uwalniając się od niepotrzebnego oporu, aby skuteczniej dostosowywać się do nowych realiów i możliwości.

Stoickie nauczanie zachęca do uznania, że zmiana jest stałym elementem życia. Stoiccy liderzy przyjmują tę perspektywę, unikając upartego trzymania się ustalonych sytuacji lub przestarzałych struktur. Zamiast tego przyjmują elastyczny i otwarty sposób myślenia w obliczu zmian, uznając, że mogą one przynieść możliwości rozwoju i poprawy.

Akceptując zmiany, stoiccy liderzy są w stanie lepiej zarządzać przejściami. Zamiast opierać się zmianom lub być nimi przytłoczonym, podchodzą do nich z pozytywnym nastawieniem i umiejętnością adaptacji. Pozwala im to skuteczniej poruszać się w burzliwych czasach, znajdując kreatywne rozwiązania dla pojawiających się wyzwań.

Akceptacja zmian nie oznacza bierności w obliczu wydarzeń. Wręcz przeciwnie, zachęca nas do proaktywnego identyfikowania możliwości w czasach zmian. Stoiccy liderzy są w stanie spojrzeć poza chwilowe zakłócenia, aby wykorzystać nowe perspektywy i możliwości, jakie oferuje zmiana.

Krótko mówiąc, dla stoickich liderów przyjmowanie zmian jest źródłem siły i zwinności. Przyjmując tę ideę, uwalniają się od niepotrzebnego oporu, przyjmują proaktywną postawę wobec zmian i wykorzystują zmiany jako okazję do wprowadzania innowacji, rozwoju i prowadzenia swoich zespołów na nowe wyżyny.

Równoważenie kontroli i odpuszczanie

Stoicy opowiadali się za równowagą między kontrolowaniem tego, co jest pod naszą kontrolą, a odpuszczaniem tego, co jest poza naszą kontrolą, postrzegając tę filozofię jako fundamentalną dla prowadzenia zrównoważonego życia. Stoiccy liderzy włączają to pojęcie do swojego podejścia do przywództwa, kultywując głęboką świadomość tego, na co mogą wpływać, a co jest poza ich kontrolą. Świadomość ta uwalnia ich od stresu związanego z próbą kontrolowania tego, czego nie da się kontrolować, wspierając ich zdolność adaptacji i odporność.

Dla tych liderów kontrolowanie tego, co od nich zależy, obejmuje głównie ich myśli, działania i reakcje. Kierują swoje wysiłki i energię na aspekty, na które mogą bezpośrednio wpływać, takie jak podejmowanie decyzji, etyka zawodowa i sposób interakcji z zespołem. Pozwala im to zachować jasność umysłu i skupić się na tym, co jest istotne dla ich roli jako lidera.

Z drugiej strony, przywódcy stoiccy uznają również ograniczenia swojej kontroli. Pozwalają odejść elementom zewnętrznym, których nie mogą zmienić, takim jak działania innych, nieprzewidziane zdarzenia lub okoliczności poza ich kontrolą. Ta akceptacja pozwala im zmniejszyć niepotrzebny stres i skupić się na proaktywnym zarządzaniu tym, co jest pod ich kontrolą.

Kultywowanie tej równowagi między kontrolą a odpuszczaniem daje stoickim liderom elastyczność umysłową i emocjonalną. Stają się bardziej odporni w obliczu niepewności i bardziej zdolni do przystosowania się do zmian. Takie podejście pomaga im zachować równowagę i opanowanie w chaotycznych lub nieprzewidywalnych sytuacjach, wzmacniając ich zdolność do skutecznego przewodzenia nawet w niepewnych okolicznościach.

Krótko mówiąc, dla przywódców stoickich równowaga między kontrolą a odpuszczaniem jest istotnym aspektem ich przywództwa. Świadomość ta pozwala im skupić swoją energię tam, gdzie jest ona najbardziej produktywna, wspierając większą zdolność adaptacji i spokój w podejmowaniu decyzji i radzeniu sobie z codziennymi wyzwaniami.

Elastyczność umysłowa: stoicki atut

Elastyczność umysłowa jest kluczową umiejętnością stoickich liderów. Dążą oni do rozwijania umiejętności patrzenia na sytuacje z różnych perspektyw, odkrywania innowacyjnych rozwiązań i dostosowywania swojego podejścia do zmieniających się okoliczności.

Stoiccy liderzy rozumieją, że sztywność psychiczna może utrudniać rozwój i sukces. Dlatego też starają się zachować otwartą i elastyczną postawę, zdolną do dostosowywania się do pojawiających się wyzwań i możliwości. Ta elastyczność umysłowa pozwala im uniknąć pułapek dogmatycznego myślenia i oporu wobec zmian.

Badając różne perspektywy, stoiccy liderzy poszerzają swoje pole widzenia. Nie ograniczają się do jednego podejścia lub z góry przyjętego rozwiązania, ale aktywnie poszukują alternatyw. Zachęca to do kreatywnego i innowacyjnego myślenia, otwierając drogę do nowych pomysłów i oryginalnych strategii radzenia sobie z wyzwaniami.

Co więcej, ta elastyczność umysłowa umożliwia im dostosowanie się do zmieniających się okoliczności. Stoiccy liderzy są świadomi, że środowisko zawodowe nieustannie się zmienia. Dlatego też dostosowują swoje podejście do nowych informacji, informacji zwrotnych i zmian w zewnętrznym lub wewnętrznym kontekście swojej organizacji.

Umiejętność ta to nie tylko kwestia zdolności adaptacyjnych, ale także odporności. Liderzy stoiccy wykorzystują swoją elastyczność psychiczną, aby odbijać się od niepowodzeń, uczyć się na porażkach i szybko dostosowywać się do nowych warunków, aby iść naprzód.

Podsumowując, dla stoickich liderów elastyczność psychiczna jest czymś więcej niż tylko umiejętnością. To stan umysłu, który sprzyja kreatywności, zdolnościom adaptacyjnym i odporności. Kultywując tę umiejętność, są oni lepiej przygotowani do skutecznego radzenia sobie z wyzwaniami i ciągłymi zmianami w świecie zawodowym.

Stoickie przywództwo i innowacyjność

Podejście stoickie zapewnia podatny grunt dla innowacji, zachęcając ludzi do kwestionowania ustalonych norm i odkrywania nowych dróg. Stoiccy liderzy, świadomi znaczenia tego sposobu myślenia, aktywnie zachęcają do takiego podejścia w swoich zespołach, wspierając w ten sposób środowisko sprzyjające innowacjom.

Stoicy kwestionowali konwencje i zachęcali do krytycznego badania ustalonych przekonań. W podobny sposób liderzy stoiccy cenią tę mentalność w swoich zespołach. Zachęcają swoich ludzi, aby nie zadowalali się status quo, ale stale szukali sposobów na ulepszenie istniejących procesów, pomysłów i strategii.

Takie podejście zachęca do otwartości umysłu i odkrywania nowych perspektyw. Stoiccy liderzy zachęcają do kreatywności i innowacji, zapewniając przestrzeń, w której innowacyjne pomysły są mile widziane, analizowane i wdrażane. Tworzą klimat, w którym członkowie zespołu czują się komfortowo, wyrażając swoje pomysły bez obawy przed osądem lub odrzuceniem.

Co więcej, mentalność stoicka zachęca do podejmowania skalkulowanego ryzyka. Stoiccy liderzy zdają sobie sprawę, że innowacjom często towarzyszy niepewność i możliwość porażki. Zachęcają jednak swoje zespoły do postrzegania tych niepowodzeń jako kroków w kierunku postępu i wyciągania wniosków z każdego doświadczenia w celu poprawy.

Zachęcając do kwestionowania ustalonych norm, stoiccy liderzy tworzą dynamiczne środowiska pracy, w których innowacje są cenione i promowane. Takie podejście pozwala ich zespołom pozostać konkurencyjnymi, przewidywać zmiany i zapewniać kreatywne rozwiązania pojawiających się wyzwań.

Tak więc dla stoickich liderów innowacyjność to znacznie więcej niż zwykłe poszukiwanie nowych pomysłów; to sposób myślenia, który pielęgnuje ciekawość, kreatywność i rozwiązywanie problemów, tworząc przewagę konkurencyjną dla ich organizacji.

Niniejszy rozdział podkreśla istotną stoicką zdolność adaptacji we współczesnym przywództwie. Przyjmując postawę zmiany, równoważąc kontrolę i odpuszczając, rozwijając elastyczność umysłową i zachęcając do innowacji, stoiccy liderzy przygotowują się na sukces w ciągle zmieniającym się świecie. W kolejnych rozdziałach zbadamy, w jaki sposób zasady te można zastosować w konkretnych kontekstach przywództwa.

Komunikacja i relacje interpersonalne

« *Życie w harmonii z naturą oznacza*
osiągnięcie spokoju umysłu ».

— Epiktet

Stoicka klarowność i aktywne słuchanie

Stoicy przywiązywali wielką wagę do jasnej komunikacji i praktyki uważnego słuchania. Dla stoickich liderów umiejętności te są kluczowe. Dążą oni do wyrażania swoich pomysłów w sposób zwięzły i precyzyjny, jednocześnie rozwijając umiejętność pełnego rozumienia perspektyw innych.

Jasność w komunikacji jest kluczowa dla stoickich liderów. Uznają oni znaczenie skutecznego komunikowania swoich pomysłów, celów i oczekiwań swojemu zespołowi. Używając bezpośrednich i zrozumiałych komunikatów, minimalizują nieporozumienia i zachęcają do wspólnego zrozumienia w organizacji.

Ponadto stoiccy liderzy przywiązują dużą wagę do uważnego słuchania. Rozwijają tę umiejętność, aby w pełni zrozumieć punkt widzenia i obawy swoich współpracowników. Aktywnie słuchając, okazują empatię, budują zaufanie i zachęcają do uczestnictwa w zespole, co sprzyja współpracy i integracyjnemu środowisku pracy.

Kultywowanie jasności w komunikacji i uważne słuchanie pomaga stoickim liderom budować oparte na zaufaniu relacje z zespołem. Takie podejście sprzyja otwartej i szczerej wymianie, pozwalając członkom zespołu czuć się wysłuchanymi i docenionymi, co pomaga wzmocnić zaangażowanie i motywację w organizacji.

Krótko mówiąc, dla stoickich liderów jasna komunikacja i uważne słuchanie to nie tylko umiejętności, ale podstawowe praktyki tworzenia harmonijnego i produktywnego środowiska pracy. Kultywując te umiejętności, poprawiają swoją zdolność do skutecznego przewodzenia poprzez wzbudzanie zaufania, wspieranie współpracy i tworzenie przestrzeni, w której każdy głos jest słyszany i szanowany.

Empatyczna komunikacja i stoickie przywództwo

Empatia odgrywa kluczową rolę w stoickim przywództwie. Stoiccy liderzy rozpoznają i wyrażają prawdziwą empatię dla emocjonalnych i zawodowych potrzeb swojego zespołu. Ta cecha buduje zaufanie, wspiera wzajemnie wspierające się środowisko i przyczynia się zarówno do spełnienia zawodowego, jak i osobistego w organizacji.

Dla stoickich liderów empatia oznacza coś więcej niż tylko zrozumienie uczuć innych; oznacza to działanie z empatią. Zwracają oni uwagę na emocje i potrzeby swoich współpracowników, starając się reagować w odpowiedni i wspierający sposób. Może to przybrać formę uważnego słuchania, zachęty lub wsparcia dostosowanego do sytuacji napotykanych przez członków zespołu.

Ta prawdziwa empatia wzmacnia relacje zawodowe. Rozpoznając potrzeby emocjonalne swojego zespołu i odpowiadając na nie, stoiccy liderzy tworzą klimat zaufania i wsparcia. Członkowie zespołu czują się doceniani i rozumiani, co wzmacnia ich zaangażowanie i motywację.

Ponadto, empatia sprzyja środowisku, w którym zachęca się do autentyczności. Stoiccy liderzy dają przykład, sami wyrażając emocjonalną autentyczność, co tworzy bezpieczną przestrzeń dla członków zespołu do dzielenia się swoimi obawami i wyzwaniami.

Wreszcie, to empatyczne podejście przyczynia się do profesjonalnego wzrostu i rozwoju. Stoiccy liderzy uznają, że odpowiadanie na potrzeby emocjonalne swojego zespołu pomaga stworzyć środowisko, w którym członkowie zespołu czują się wspierani i zachęcani do rozwijania swojego potencjału.

Krótko mówiąc, dla stoickich liderów empatia jest podstawową umiejętnością, która wykracza poza zwykłe rozpoznawanie emocji innych. Przejawia się ona w konkretnych działaniach mających na celu zaspokojenie emocjonalnych i zawodowych potrzeb zespołu. Ta cecha buduje zaufanie, sprzyja klimatowi wzajemnego wsparcia i przyczynia się do spełnienia zawodowego i osobistego w organizacji.

Zarządzanie konfliktami ze stoicką mądrością

Stoicy przekazali nauki dotyczące zarządzania konfliktami z mądrością i spokojem. Stoiccy liderzy integrują te techniki, aby zachęcać do konstruktywnego rozwiązywania konfliktów w swoich zespołach.

Filozofia stoicka zachęca do spokojnego i racjonalnego podejścia do konfliktu. Stoiccy liderzy przyjmują to podejście od pierwszej linii frontu, demonstrując przemyślaną i opanowaną postawę w obliczu nieporozumień lub napięć w zespole. Zamiast reagować impulsywnie lub emocjonalnie, wycofują się, aby obiektywnie ocenić sytuację.

Innym ważnym aspektem stoickiego podejścia do zarządzania konfliktami jest poszukiwanie racjonalnych rozwiązań. Stoicy kładli nacisk na rozwiązywanie problemów za pomocą rozumu i logiki. Podobnie stoiccy liderzy zachęcają swoje zespoły do przyjęcia podobnego podejścia, poszukując pragmatycznych i sprawiedliwych rozwiązań w celu rozwiązywania konfliktów.

Ponadto, otwarta komunikacja i poszukiwanie kompromisu to podstawowe zasady stoickiego zarządzania konfliktami. Stoiccy liderzy zachęcają do otwartego i pełnego szacunku dialogu między stronami konfliktu, zachęcając do poszukiwania rozwiązań, które zaspokoją potrzeby wszystkich. Zachęcają do współpracy i budowania konsensusu zamiast konfrontacji lub polaryzacji.

Stosując te techniki zarządzania konfliktami, stoiccy liderzy tworzą środowisko sprzyjające konstruktywnemu rozwiązywaniu sporów. Takie podejście sprzyja atmosferze, w której członkowie zespołu czują się słuchani i szanowani, co wzmacnia relacje międzyludzkie i przyczynia się do rozwoju kultury organizacyjnej opartej na współpracy i wzajemnym szacunku.

Krótko mówiąc, dla stoickich liderów mądre i spokojne zarządzanie konfliktem ma kluczowe znaczenie. Przyjmując racjonalne podejście, zachęcając do otwartej komunikacji i poszukiwania konstruktywnych rozwiązań, pomagają stworzyć środowisko, w którym konflikty są rozwiązywane produktywnie, promując w ten sposób rozwój i sukces swojego zespołu.

Komunikacja bez przemocy i zasada stoicka

Komunikacja bez przemocy (NVC) i jej zasady są w harmonii z naukami stoickimi. Stoiccy liderzy wykorzystują to podejście, aby zachęcać do otwartych i pełnych szacunku interakcji w swoich zespołach, kładąc nacisk na autentyczne wyrażanie uczuć i potrzeb, przy jednoczesnym zachowaniu wzajemnego szacunku. Stoicy, podobnie jak praktycy NVC, cenią szczerą ekspresję, unikając osobistych osądów lub ataków. Stoiccy liderzy przyjmują to podejście, zachęcając swoich pracowników do otwartej i szczerej komunikacji, jednocześnie utrzymując środowisko, w którym każdy czuje się wysłuchany i szanowany. Innym kluczowym elementem NVC jest poszukiwanie głębokiego zrozumienia podstawowych potrzeb w sytuacji konfliktowej. Stoicy również kładli nacisk na zrozumienie motywacji i potrzeb stojących za działaniami innych. Liderzy stoiccy zachęcają do tej praktyki, pomagając swojemu zespołowi zidentyfikować i zrozumieć podstawowe potrzeby stojące za konfliktami, promując w ten sposób pełniejsze i pełne szacunku rozwiązanie. NVC zachęca również do empatii, zachęcając nas do postawienia się na miejscu drugiej osoby, aby lepiej zrozumieć jej punkt widzenia. Włączając zasady NVC do swojego podejścia do komunikacji, stoiccy liderzy tworzą środowisko, w którym ceni się zrozumienie, autentyczność i wzajemny szacunek. Krótko mówiąc, dla stoickich liderów komunikacja bez przemocy jest cenną metodą wspierania pełnych szacunku i konstruktywnych interakcji. Zachęcając do szczerej ekspresji, zrozumienia podstawowych potrzeb i empatii, pomagają stworzyć klimat pracy, w którym komunikacja jest skuteczna, a konflikty są rozwiązywane w sposób bardziej harmonijny i satysfakcjonujący dla wszystkich.

Długoterminowa wizja i stoickie przywództwo

« Nie można żyć szczęśliwie, nie żyjąc

mądrze i honorowo, i odwrotnie. ».

— Epiktet

Stoicka perspektywa czasowa

Stoicy mieli szeroką wizję czasową, podkreślając przemijalność życia i znaczenie rozważania długoterminowych konsekwencji naszych działań. Ta czasowa perspektywa jest bardzo istotna dla stoickich liderów, którzy przyjmują ją w celu podejmowania decyzji zgodnych ze zrównoważonymi celami.

Stoicy zachęcali nas do rozważenia tymczasowości życia, podkreślając efemeryczną naturę rzeczy i zachęcając nas do skupienia się na tym, co trwałe i znaczące. Podobnie przywódcy stoiccy integrują tę wizję, aby kierować swoimi decyzjami. Biorą pod uwagę długoterminowe konsekwencje swoich wyborów, starając się stworzyć pozytywny i trwały wpływ, zamiast skupiać się na natychmiastowych i efemerycznych wynikach.

Ta szersza perspektywa czasowa pomaga stoickim liderom cofnąć się i ocenić długoterminowe konsekwencje ich działań. Rozważają konsekwencje dla swojego zespołu, organizacji, a nawet społeczeństwa jako całości. Prowadzi ich to do podejmowania przemyślanych, strategicznych decyzji, które są zgodne ze zrównoważonymi celami, pomagając stworzyć silniejszą, trwalszą przyszłość.

Biorąc pod uwagę szersze spojrzenie na czas, stoiccy liderzy przewidują przyszłe wyzwania i starają się wprowadzać solidne rozwiązania, które są dostosowane do przyszłych okoliczności. Przyjmują proaktywne podejście, aby uniknąć szkodliwych długoterminowych konsekwencji i promować zrównoważony rozwój i ciągły wzrost swojego zespołu lub organizacji.

Krótko mówiąc, dla stoickich liderów przyjęcie szerszej wizji czasowej pozwala im przekroczyć bezpośrednie obawy i skupić się na zrównoważonych celach. Ta perspektywa kieruje ich decyzjami, zachęcając ich do rozważenia długoterminowych konsekwencji swoich działań, aby stworzyć pozytywny i znaczący wpływ w czasie.

Dostosowanie działań do podstawowych wartości

Dla stoików dostosowanie działań do podstawowych wartości stanowiło sedno etycznego życia. Stoiccy liderzy przyjmują tę ideę, kierując swoje zespoły w stronę celów, które są zgodne z wartościami organizacji i jej długoterminowymi potrzebami.

Stoicy wierzyli, że harmonia między naszymi działaniami a naszymi wartościami jest niezbędna dla cnotliwej egzystencji. Podobnie liderzy stoiccy uznają znaczenie tego dostosowania dla skutecznego przywództwa. Zapewniają, że cele wyznaczone dla ich zespołu lub organizacji są spójne z podstawowymi wartościami firmy. Zapewnia to, że podejmowane działania są nie tylko pragmatyczne, ale także etyczne, wzmacniając tym samym wiarygodność zespołu i zaufanie do kierownictwa.

Podkreślając tę zgodność, stoiccy liderzy tworzą środowisko, w którym działania podejmowane przez zespół kierują się solidnymi zasadami etycznymi. Pomaga to wzmocnić spójność zespołu wokół wspólnych celów. Ponadto, takie podejście tworzy poczucie dumy i zaangażowania wśród członków zespołu, motywując ich do pracy nad celami, które mają znaczenie i wartość dla całej organizacji.

Stoiccy liderzy zapewniają również, że to dostosowanie działań do wartości jest zgodne z długoterminowymi potrzebami organizacji. Integrują strategiczną wizję, która uwzględnia długoterminowy zrównoważony rozwój i wzrost, zapewniając, że wyznaczone cele spełniają nie tylko obecne wartości firmy, ale także jej przyszłe aspiracje.

Krótko mówiąc, dla stoickich liderów dostosowanie działań do podstawowych wartości organizacji i jej długoterminowych potrzeb jest niezbędne do poprowadzenia zespołu do sukcesu. Wzmacnia to jedność, zaufanie i zaangażowanie w zespole, jednocześnie promując etyczne i strategiczne przywództwo dla całej organizacji.

Strategia stoickiej odporności

Stoicka odporność jest nierozerwalnie związana ze zdolnością do opracowywania solidnych i elastycznych strategii radzenia sobie z niepewnością. Stoiccy liderzy uwzględniają tę odporność w swoim podejściu, opracowując plany, które łączą solidność i zdolność adaptacji, pozostając jednocześnie wiernymi swojej długoterminowej wizji.

Stoicy postrzegali odporność jako podstawową cnotę, stan umysłu, który pozwala nam dostosować się do zmieniających się okoliczności życiowych. Podobnie liderzy stoiccy uwzględniają tę cechę podczas opracowywania planów strategicznych dla swojego zespołu lub organizacji, które są zarówno solidne, jak i elastyczne.

Liderzy ci przewidują niepewność i potencjalne zmiany oraz uwzględniają je w swoich planach. Zamiast skupiać się wyłącznie na krótkoterminowych rozwiązaniach, opracowują strategie, które mogą się dostosowywać i ewoluować wraz ze zmieniającymi się okolicznościami. Takie podejście pozwala zespołowi zwinnie reagować na zmiany, nie tracąc z oczu długoterminowej wizji organizacji.

Innym kluczowym aspektem stoickiej odporności jest zdolność do skupienia się na długoterminowych celach pomimo zakłóceń lub przeszkód. Stoiccy liderzy inspirują swoje zespoły do skupienia się na ogólnej wizji organizacji, będąc jednocześnie otwartymi na dokonywanie niezbędnych korekt w celu radzenia sobie z nieoczekiwanymi zmianami.

Włączając stoicką odporność do planowania strategicznego, stoiccy liderzy tworzą środowisko, w którym zespół jest gotowy stawić czoła wyzwaniom ze spokojem i determinacją. Wzmacnia to wiarę zespołu w jego zdolność do dostosowywania się do zmian przy jednoczesnym dążeniu do trajektorii zgodnej z długoterminowymi celami.

Krótko mówiąc, dla liderów stoickich odporność oznacza opracowywanie solidnych i elastycznych strategii, które umożliwiają zespołowi skuteczne poruszanie się w warunkach niepewności. Włączając tę cechę, tworzą środowisko, w którym elastyczność i stabilność współistnieją, umożliwiając zespołowi radzenie sobie ze zmianami przy jednoczesnym utrzymaniu koncentracji na długoterminowej wizji organizacji.

Inspirujące przywództwo oparte na stoickiej wizji

Dla stoików inspirującymi liderami byli ci, którzy uosabiali uniwersalne wartości i oferowali szlachetną wizję. Stoiccy liderzy wcielali tę ideę w życie, starając się przekazywać swoim zespołom przekonującą i motywującą wizję, inspirując tym samym do długoterminowego zaangażowania.

Stoicy wierzyli, że najbardziej wpływowymi liderami są ci, którzy reprezentują ponadczasowe wartości, takie jak cnota, sprawiedliwość i mądrość. Podobnie, przywódcy stoiccy starają się ucieleśniać te wartości w swoich działaniach i słowach. Przekazują wizję opartą na tych uniwersalnych zasadach, zapewniając swojemu zespołowi kierunek oparty na szlachetnych i trwałych ideałach.

Liderzy stoiccy potrafią przedstawić jasną i motywującą wizję dla swojego zespołu. Przekazują tę wizję w przekonujący sposób, pobudzając wyobraźnię swoich pracowników. Wizja ta wykracza poza bezpośrednie cele i oferuje długoterminowy horyzont, zachęcając członków zespołu do aktywnego zaangażowania się w osiąganie tych celów.

Ponadto stoiccy liderzy zachęcają do emocjonalnego połączenia z wizją, którą prezentują. Wzbudzają poczucie pasji i zaangażowania w realizację celów zespołu, tworząc poczucie własności i dumy wśród członków zespołu.

Przekazując inspirującą i motywującą wizję, liderzy ci tworzą spójność między indywidualnymi aspiracjami a wspólnymi celami zespołu. Wzmacniają również spójność w zespole, wspierając długoterminowe zaangażowanie w realizację wspólnej wizji.

Krótko mówiąc, dla stoickich liderów przekazywanie inspirującej wizji zgodnej z uniwersalnymi wartościami jest kluczowym elementem inspirowania trwałego zaangażowania zespołu. Uosabiając te wartości i komunikując jasną i motywującą wizję, wspierają poczucie więzi, pasję i zaangażowanie w realizację celów, które wykraczają poza krótkoterminową perspektywę.

Przykłady przywódców stoickich

« Nie chodzi o to, co się dzieje, ale o to,

jak reagujemy na to, co się dzieje ».

— Epiktet

Marek Aureliusz:
stoicki filozof, cesarz

Marek Aureliusz reprezentuje wybitny przykład stoickiego przywództwa dzięki swojemu zaangażowaniu w panowanie nad sobą, mądrości w obliczu przeciwności losu i poświęceniu dla wspólnego dobra.

Jako rzymski cesarz i filozof stoicki, Marek Aureliusz przekroczył granice władzy politycznej, aby wcielić podstawowe zasady stoicyzmu w swoim codziennym życiu i rządzeniu. Jego praktyka samokontroli była wzorowa; starał się kontrolować swoje emocje, zachować spokój i działać mądrze w obliczu wyzwań i trudnych sytuacji. Ta zdolność do utrzymania stabilnego i refleksyjnego stanu umysłu nawet w chwilach kryzysu wzmocniła jego wiarygodność jako lidera zdolnego do kierowania się stanowczością i rozsądkiem.

Jego mądrość w obliczu przeciwności losu jest również niezwykłą cechą jego stoickiego przywództwa. Marek Aureliusz wykazywał się wyjątkową odpornością w obliczu trudności, zarówno politycznych, osobistych, jak i związanych z konfliktami. Używał filozofii stoickiej jako przewodnika w przezwyciężaniu tych prób, przekształcając wyzwania w okazje do nauki i rozwoju oraz zachęcając otaczających go ludzi do przyjęcia podobnej perspektywy.

Jego głębokie zaangażowanie w dobro wspólne było również widoczne w sposobie rządzenia. Marek Aureliusz przywiązywał ogromną wagę do służby państwu i dobrobytu jego obywateli. Jego wizja przywództwa opierała się na pojęciu odpowiedzialności wobec społeczności, wdrażając politykę, która miała na celu poprawę życia wszystkich, nawet kosztem jego osobistego komfortu.

Ogólnie rzecz biorąc, Marek Aureliusz jest wymownym przykładem stoickiego przywództwa ze względu na jego zdolność do ucieleśnienia podstawowych wartości stoicyzmu w sprawowaniu władzy. Jego samokontrola, mądrość w obliczu przeciwności losu i zaangażowanie na rzecz wspólnego dobra pozostawiły trwałe dziedzictwo, inspirując pokolenia liderów do pójścia w jego ślady poprzez włączenie zasad stoickich do własnej praktyki przywódczej.

Seneka:
praktyczna mądrość w działaniu

Seneka, filozof stoicki i doradca cesarza Nerona, pozostaje ikoniczną postacią, której etyczne podejście, odporność w obliczu przeciwności losu i skupienie się na tym, co najważniejsze, wywarły głęboki wpływ na wielu przywódców na przestrzeni wieków.

Jego etyczne zaangażowanie było sercem jego filozofii życia. Seneka opowiadał się za znaczeniem uczciwości, cnoty i etyki we wszystkich sferach życia. Jako cesarski doradca często doradzał Neronowi podejmowanie sprawiedliwych i etycznych decyzji, nawet jeśli jego zalecenia nie zawsze były przestrzegane. Jego gotowość do przestrzegania wartości etycznych, nawet w złożonym środowisku politycznym, stanowiła potężny przykład dla wielu przywódców, inspirując ich do umieszczania etyki w centrum swoich działań i decyzji.

Jego odporność na przeciwności losu również odcisnęła swoje piętno. Pomimo wyzwań i niebezpieczeństw, przed którymi stanął, szczególnie w okresie zawirowań politycznych pod rządami Nerona, Seneka zachował spokój i godność. Wykorzystał zasady stoickie, aby przezwyciężyć trudności z odpornością i odwagą, zapewniając model wytrwałości i wewnętrznej siły dla przyszłych pokoleń przywódców.

Jego skupienie się na tym, co ważne, było również cenną lekcją dla liderów. Seneka opowiadał się za prostotą, podkreślając wartość czasu, refleksji i koncentracji na najważniejszych aspektach życia. Zachęcał nas do unikania rozpraszania uwagi i skupiania się na tym, co nadaje naszym działaniom prawdziwe znaczenie i trwałą wartość.

W ten sposób Seneka pozostaje emblematyczną postacią stoicyzmu, którego etyczne podejście, odporność w obliczu przeciwności losu i skupienie się na tym, co najważniejsze, pozostawiły trwałe dziedzictwo w historii przywództwa. Jego nauki nadal inspirują wielu liderów, inspirując ich do kultywowania wartości etycznych, wykazywania się odpornością w obliczu przeciwności losu i skupiania swojej energii na tym, co jest naprawdę ważne dla oświeconego i odpowiedzialnego przywództwa.

Epiktet:
niezachwiana samokontrola

Epictetus naprawdę ucieleśnia kwintesencję stoicyzmu poprzez swoją niezwykłą podróż od niewolnika do filozofa, ucząc ponadczasowych zasad samokontroli i akceptacji z uderzającą jasnością. Jego przykład godności, odporności i mądrości nadal inspiruje tych, którzy aspirują do zostania przywódcami stoickimi.

Jako były niewolnik, Epiktet nie tylko pokonał osobiste wyzwania związane ze swoim stanem, ale także przekroczył je, aby stać się wpływowym filozofem. Jego filozofia opierała się na takich koncepcjach, jak akceptacja tego, co nie zależy od nas, samokontrola i znaczenie życia w harmonii z naturą. Nauki te były zakorzenione w codziennej rzeczywistości, oferując praktyczne porady dotyczące radzenia sobie z trudnościami życiowymi.

Jego samokontrola była wzorowa. Epiket zachęcał do kontrolowania naszych myśli, emocji i działań, twierdząc, że jedyną rzeczą, nad którą mamy absolutną kontrolę, jest nasz własny umysł. Ta dyscyplina umysłowa pozwoliła mu wykazać się godnością i spokojem w obliczu trudności, a jego nauki nadal inspirują przywódców do kultywowania tej samokontroli w celu zachowania przytomności umysłu i stabilności w każdych okolicznościach.

Jego odporność w obliczu przeciwności losu była również niezwykła. Epiktet przez całe życie zmagał się z wieloma wyzwaniami i znacznymi trudnościami, ale zawsze zachowywał postawę stoicyzmu, akceptując to, czego nie można zmienić i pracując z determinacją nad tym, na co mógł mieć wpływ.

Wreszcie, jego mądrość, przekazywana poprzez jego nauki, nadal rezonuje dzisiaj. Jego lekcje na temat tego, jak ważne jest skupienie się na tym, co naprawdę leży w naszej mocy i na potrzebie życia zgodnie z naszymi podstawowymi wartościami, pozostają cennymi przewodnikami dla liderów starających się wcielać stoickie zasady w swoje przywództwo.

Podsumowując, podróż Epikteta, jego nauczanie o samokontroli, jego akceptacja okoliczności i jego ponadczasowa mądrość czynią go inspirującą postacią dla tych, którzy aspirują do zostania stoickimi przywódcami. Jego godność, odporność i zaangażowanie w wartości etyczne nadal inspirują i prowadzą tych, którzy starają się przyjąć zasady stoicyzmu w swoim życiu i przywództwie.

James Stockdale: współczesny przywódca stoicki

Wiceadmirał James Stockdale jest niezwykłym ucieleśnieniem zasad stoickich, który przetrwał lata niewoli w Wietnamie, stosując te nauki. Jego odporność, zdolność do utrzymania długoterminowej wizji i siła psychiczna czynią go współczesnym wzorem stoickiego przywództwa.

Podczas niewoli Stockdale musiał stawić czoła nieludzkim warunkom, ale zachował niezwykłą odporność. Opierając się na zasadach stoicyzmu, zaakceptował aspekty swojej niewoli, których nie mógł zmienić, koncentrując swoją energię na tym, co mógł kontrolować: swojej postawie, woli i zdolności inspirowania współwięźniów. Ta odporność w obliczu przeciwności losu była kluczowa dla przetrwania jego i jego towarzyszy.

Jego zdolność do utrzymania długoterminowej wizji pomimo rozpaczliwych warunków niewoli była niezwykła. Stockdale pamiętał, że pewnego dnia przeżyje i wróci do domu, wyznaczając sobie długoterminowe cele nawet w najciemniejszych czasach. Ta wizja nadała mu kierunek, pozwalając mu wytrwać pomimo przeciwności losu i zachować nadzieję dla siebie i swoich towarzyszy.

Jego siła psychiczna była niezbędnym filarem jego przetrwania. Stockdale wykazał się niezwykłą dyscypliną psychiczną, pozostając wiernym swoim zasadom, wytrzymując presję i służąc jako inspiracja dla innych jeńców. Jego zdolność do utrzymania stoickiej postawy, zachowania spokoju i skupienia się na swoich podstawowych wartościach była uderzającym przykładem stoickiego przywództwa.

Podsumowując

Przykłady przywódców stoickich, zarówno historycznych, jak i współczesnych, żywo pokazują ponadczasowe znaczenie zasad stoickich w przywództwie. Ich działania i filozofie oferują cenne lekcje na temat tego, jak wcielać stoicką mądrość w rzeczywistych sytuacjach przywódczych, inspirując tych, którzy chcą przewodzić z etyką, odpornością i jasnością.

Ci historyczni przywódcy, tacy jak Marek Aureliusz, Seneka i Epiktet, pozostawili po sobie trwałe dziedzictwo, pokazując, jak włączyć zasady stoickie do swojego życia i przywództwa. Ich działania podkreślały znaczenie samokontroli, mądrości w obliczu przeciwności losu, etyki i koncentracji na tym, co istotne. Ich nauki wykraczają poza czas, oferując praktyczne porady i namacalne przykłady dla współczesnych liderów.

Współcześni przywódcy, tacy jak wiceadmirał Stockdale, również zilustrowali siłę filozofii stoickiej we współczesnych kontekstach. Jego odporność w obliczu przeciwności losu i zdolność do utrzymania długoterminowej wizji podczas niewoli w Wietnamie były inspirującymi przykładami stoickiego przywództwa, pokazującymi, jak zasady stoicyzmu mogą być stosowane w ekstremalnych sytuacjach.

Te historyczne i współczesne przykłady pokazują, że zasady stoickie są bardzo istotne i można je dostosować do różnych wyzwań i kontekstów przywództwa. Oferują one cenne lekcje dla tych, którzy starają się przewodzić z etyką, odpornością i jasnością, podkreślając samokontrolę, wytrwałość w obliczu przeszkód, dostosowanie do wartości etycznych i skupienie się na tym, co naprawdę leży w naszej mocy.

Krótko mówiąc, ci stoiccy przywódcy, zarówno starożytni, jak i współcześni, przypominają nam, że podstawowe zasady stoicyzmu pozostają solidnymi przewodnikami po oświeconym i odpowiedzialnym przywództwie. Ich przykłady inspirują i oferują modele radzenia sobie z wyzwaniami życia i przywództwa z mądrością i uczciwością, wykraczając poza epoki, aby poprowadzić obecne i przyszłe pokolenia w kierunku etycznego i odpornego przywództwa.

Stoicka praktyka przywództwa

Zarządzanie zespołem i stoickie przywództwo

W zarządzaniu zespołem liderzy stoiccy przyjmują podejście, które podkreśla kluczowe wartości, takie jak zaufanie, indywidualna odpowiedzialność i otwarta komunikacja. Wspierają środowisko, w którym zasady te są osadzone w kulturze organizacyjnej, co skutkuje bardziej efektywnym funkcjonowaniem i bardziej odpornym zespołem.

Zaufanie jest niezbędnym filarem. Stoiccy liderzy kultywują klimat zaufania, demonstrując niezachwianą uczciwość we własnych działaniach i zachęcając do tego swoich współpracowników. Uznają znaczenie wzajemnego zaufania dla współpracy zespołowej i produktywności.

Ceniona jest również indywidualna odpowiedzialność. Stoiccy liderzy zachęcają każdego członka zespołu do wzięcia na siebie części odpowiedzialności za osiąganie wspólnych celów. Wspierają kulturę, w której każdy czuje się upoważniony i odpowiedzialny za wniesienie znaczącego wkładu w całość, wzmacniając poczucie indywidualnych i zbiorowych osiągnięć.

Otwarta komunikacja jest kluczowym elementem stoickiego zarządzania zespołem. Liderzy zachęcają do przejrzystego dialogu, w którym każdy jest zachęcany do wyrażania swoich pomysłów, zadawania pytań i proponowania rozwiązań. Taka komunikacja zachęca do samodzielnego rozwiązywania problemów, umożliwiając zespołowi wspólną pracę nad praktycznymi rozwiązaniami.

Ponadto stoiccy liderzy oferują troskliwe wsparcie. Zdają sobie sprawę, że samodzielne rozwiązywanie problemów nie oznacza porzucenia członków zespołu. Wręcz przeciwnie, zapewniają uważne wskazówki i wspierają rozwój umiejętności potrzebnych do samodzielnego rozwiązywania wyzwań.

Krótko mówiąc, zarządzając zespołem, stoiccy liderzy tworzą środowisko oparte na zaufaniu, indywidualnej odpowiedzialności, otwartej komunikacji i życzliwym wsparciu. Przyjmując te zasady, wspierają kulturę, w której każdy członek czuje się doceniany, zdolny i odpowiedzialny, przyczyniając się do siły i odporności zespołu.

Stoickie rozwiązywanie konfliktów

W zarządzaniu konfliktami przywódcy stoiccy przyjmują podejście oparte na konstruktywnym rozwiązywaniu konfliktów. Ich metoda opiera się na kluczowych praktykach, takich jak aktywne słuchanie, kontrola emocjonalna i poszukiwanie rozwiązań uwzględniających interesy wszystkich zaangażowanych stron.

Aktywne słuchanie ma fundamentalne znaczenie. Stoiccy liderzy kładą duży nacisk na zrozumienie perspektyw i obaw każdej ze stron. Słuchają uważnie, bez osądzania, aby w pełni zrozumieć rozbieżne punkty widzenia i motywacje stojące za konfliktami.

Kolejnym istotnym aspektem jest kontrola emocjonalna. Stoiccy liderzy zdają sobie sprawę z tego, jak ważne jest emocjonalne wycofanie się w celu radzenia sobie z konfliktem w racjonalny i przemyślany sposób. Starają się kontrolować własne emocje, aby zachować spokój i koncentrację, tworząc w ten sposób środowisko sprzyjające konstruktywnemu rozwiązywaniu konfliktów.

Wreszcie, stoiccy liderzy szukają rozwiązań, które sprzyjają kompromisowi lub rozwiązaniu korzystnemu dla obu stron. Zachęcają do poszukiwania rozwiązań, które uwzględniają interesy i potrzeby wszystkich zaangażowanych stron, unikając rozwiązań opartych na sztywnych lub wykluczających się stanowiskach. Dążą do znalezienia kompromisów lub kreatywnych rozwiązań, które w jak największym stopniu uwzględniają obawy wszystkich stron.

Przyjmując takie podejście, stoiccy liderzy zachęcają do konstruktywnego rozwiązywania konfliktów w swoim zespole lub organizacji. Ich zaangażowanie w słuchanie, kontrolę emocjonalną i znajdowanie zrównoważonych rozwiązań pomaga stworzyć klimat sprzyjający wzajemnemu zrozumieniu i współpracy, wzmacniając tym samym spójność i produktywność zespołu.

Strategiczne podejmowanie decyzji i stoickie dostosowanie

Stoiccy liderzy przyjmują metodyczne, przemyślane podejście do podejmowania strategicznych decyzji, charakteryzujące się spokojem, klarownością i zgodnością z podstawowymi wartościami organizacji i jej długoterminową wizją.

Przede wszystkim podchodzą do decyzji spokojnie i beznamiętnie. Stoiccy liderzy zdają sobie sprawę z tego, jak ważne jest zachowanie zrównoważonego podejścia do strategicznych wyborów. Unikają impulsywnych lub emocjonalnych reakcji, preferując racjonalną analizę i dogłębną refleksję w celu oceny wszystkich aspektów sytuacji.

Po drugie, upewniają się, że każda decyzja jest zgodna z podstawowymi wartościami organizacji. Stoiccy liderzy przywiązują dużą wagę do etycznej uczciwości i zapewnienia, że decyzje są zgodne z podstawowymi zasadami firmy. Postrzegają oni te wartości jako niezbędne przewodniki dla każdego strategicznego wyboru, zapewniając, że przywództwo jest dostosowane do solidnych fundamentów.

Ponadto przy podejmowaniu strategicznych decyzji koncentrują się na długoterminowej wizji. Stoiccy liderzy rozważają długoterminowy wpływ każdej decyzji, starając się przewidzieć konsekwencje i zapewnić, że ich działania przyczyniają się do zrównoważonej trajektorii zgodnej z długoterminowymi celami organizacji.

Włączając te elementy do procesu decyzyjnego, stoiccy liderzy dążą do zapewnienia, że każdy strategiczny wybór jest dokonywany z zachowaniem równowagi między racjonalnością, etyczną uczciwością i długoterminową wizją. Pomaga to ustalić jasny kierunek dla organizacji i zapewnić spójność między celami, wartościami i działaniami, wzmacniając tym samym zaufanie i kierunek całego zespołu.

Stoickie zarządzanie zmianą

W okresach zmian liderzy stoiccy wykazują się wzorową odpornością i starają się wzbudzać zaufanie w swoim zespole. Ich podejście opiera się na przejrzystej komunikacji i podkreślaniu możliwości, jakie może zaoferować zmiana.

Przede wszystkim zachowują spokój i odporność w obliczu zmian. Stoiccy liderzy uznają, że zmiany są nieuniknione i wykazują pogodne nastawienie do wstrząsów. Są otwarci na adaptację, akceptując to, czego nie można zmienić i koncentrując się na tym, jak najlepiej poruszać się w zmieniających się okolicznościach.

Po drugie, wzbudzają zaufanie poprzez przejrzystą komunikację. Stoiccy liderzy rozumieją znaczenie otwartej i szczerej komunikacji w czasach zmian. Jasno dzielą się powodami zmian, potencjalnymi wyzwaniami, a także pojawiającymi się możliwościami, budując zaufanie i zrozumienie w zespole.

Podkreślają również możliwości, jakie może przynieść zmiana. Stoiccy liderzy starają się wydobyć pozytywne aspekty nawet w trakcie zmian. Podkreślają możliwości uczenia się, wzrostu i rozwoju, które często towarzyszą okresom przejściowym, zachęcając swój zespół do postrzegania zmian jako szansy, a nie zagrożenia.

Stosując te podejścia, stoiccy liderzy pomagają stworzyć klimat zaufania, zrozumienia i odporności w swoim zespole w okresach zmian. Ich zdolność do utrzymywania spokojnej wizji, przejrzystej komunikacji i podkreślania pozytywnych aspektów zmian pomaga zmniejszyć niepokój i stymulować zaangażowanie zespołu w obliczu zmieniających się okoliczności.

Praktyczne ćwiczenia ze stoickiego przywództwa

« *Prawdziwa etyka oznacza pozostawanie niewrażliwym na opinie innych.* ».

— Marek Aureliusz

Ćwiczenie w medytacji i refleksji

Codzienna praktyka medytacji, refleksja nad tym, co jest pod naszą kontrolą, a co nie, oraz kontemplacja podstawowych wartości są niezbędnymi ćwiczeniami wzmacniającymi jasność umysłu i promującymi świadome podejmowanie decyzji.

Codzienna medytacja jest potężnym narzędziem do kultywowania jasności umysłu. Uspokaja umysł, zmniejsza stres i zwiększa koncentrację. Liderzy stoiccy wykorzystują tę praktykę do rozwijania spokojniejszego spojrzenia i bardziej uważnego stanu umysłu, co pomaga im podchodzić do wyzwań ze spokojem i rozeznaniem.

Refleksja nad tym, co zależy od nas, a co nie, jest centralną praktyką stoicyzmu. Stoiccy liderzy skupiają się na tym, co mogą kontrolować, na przykład na swoich myślach, działaniach i reakcjach emocjonalnych, jednocześnie spokojnie akceptując to, co jest poza ich kontrolą. Refleksja ta pozwala im skierować swoje wysiłki tam, gdzie naprawdę mogą coś zmienić, prowadząc do bardziej świadomych decyzji i lepszego zarządzania stresem.

Wreszcie, kontemplacja podstawowych wartości jest ćwiczeniem, które pozwala stoickim liderom ponownie skupić się na ich podstawowych zasadach i wartościach. Regularnie zastanawiając się nad tym, co jest naprawdę ważne dla nich i ich organizacji, mogą dostosować swoje działania i decyzje do tych podstawowych wartości, wspierając większą spójność i zgodność z ich celami.

Krótko mówiąc, codzienna medytacja, refleksja nad tym, co jest pod naszą kontrolą, a co nie, oraz kontemplacja podstawowych wartości to praktyki, które pomagają stoickim liderom kultywować jasność umysłu, podejmować świadome decyzje i utrzymywać etyczną spójność w swoich działaniach. Ćwiczenia te pomagają wykuwać liderów, którzy są odporni, uważni i zgodni ze swoimi wartościami, co skutkuje silniejszym, bardziej świadomym przywództwem.

Dziennik stoickiego przywództwa

Prowadzenie dziennika stoickiego to potężna praktyka, która promuje rozwój osobisty i integrację zasad stoickich z życiem zawodowym liderów. Dziennik zapewnia zapis refleksji na temat działań, emocji i wniosków wyciągniętych z sytuacji przywódczych, oferując szereg korzyści.

Po pierwsze, pisanie w dzienniku stoickim zachęca do dogłębnej refleksji nad doświadczeniami. Stoiccy liderzy poświęcają czas na przeanalizowanie swoich działań, reakcji emocjonalnych i kluczowych wydarzeń w życiu zawodowym. Daje im to lepsze zrozumienie własnych motywacji, mocnych i słabych stron oraz pomaga zidentyfikować wzorce zachowań.

Po drugie, dziennik stoicki jest narzędziem do kultywowania odporności i ciągłego uczenia się. Zapisując wnioski wyciągnięte z sukcesów i porażek, stoiccy liderzy mogą przekształcić swoje doświadczenia w okaze do nauki. W ten sposób mogą opracować strategie lepszego radzenia sobie z przyszłymi wyzwaniami i poprawić swoje wyniki jako liderów.

Co więcej, prowadzenie stoickiego dziennika pomaga im zintegrować stoickie zasady z ich życiem zawodowym. Zapisując swoje refleksje na tematy takie jak samokontrola, zarządzanie emocjami, etyka i podejmowanie decyzji, stoiccy liderzy wzmacniają swoje zrozumienie i praktykę tych zasad w codziennym życiu.

Wreszcie, dziennik stoicki oferuje perspektywę rozwoju osobistego i zawodowego w czasie. Ponownie czytając swoje poprzednie wpisy, stoiccy liderzy mogą mierzyć swój rozwój, identyfikować postępy i ponownie oceniać swoje długoterminowe cele, co wspiera ich ciągły rozwój jako liderów.

Podsumowując, praktyka prowadzenia stoickiego dziennika jest potężnym sposobem dla liderów na pogłębienie zrozumienia zasad stoickich, wspieranie rozwoju osobistego, budowanie odporności i integrowanie tych zasad z ich życiem zawodowym w praktyczny i znaczący sposób.

Stoicka praktyka wizualizacji

Praktyka wizualizowania potencjalnych przeszkód i mentalnego przygotowywania się do stawienia im czoła jest potężnym narzędziem dla stoickich liderów. Pozwala im skuteczniej radzić sobie z trudnymi sytuacjami i wzbudzać zaufanie w zespole.

Po pierwsze, ta przewidująca wizualizacja przeszkód pomaga liderom być proaktywnymi. Wyobrażając sobie i identyfikując potencjalne wyzwania, mogą opracować plany działań zapobiegawczych i opracować strategie radzenia sobie z nimi. Dzięki temu mogą być lepiej przygotowani i bardziej reaktywni, gdy pojawią się te przeszkody, zmniejszając negatywny wpływ na zespół i organizację.

Po drugie, to mentalne przygotowanie wzmacnia odporność stoickich liderów. Przygotowując się psychicznie na trudności, rozwijają wewnętrzną siłę, która pozwala im zachować spokój i pogodę ducha nawet w obliczu złożonych sytuacji. Taka pogodna postawa wzbudza zaufanie w ich zespole, ponieważ pokazuje zdolność do pewnego radzenia sobie z wyzwaniami.

Zachęca również do proaktywnego podejścia do zarządzania ryzykiem. Przewidując potencjalne przeszkody, stoiccy liderzy mogą podjąć środki zapobiegawcze w celu zminimalizowania negatywnych skutków. Pokazuje to strategiczną wizję i zdolność przewidywania wyzwań, co wzmacnia wiarę zespołu w jego zdolność do przewodzenia nawet w trudnych sytuacjach.

Wreszcie, takie przygotowanie mentalne pomaga stworzyć bardziej odporne i przygotowane środowisko pracy. Dając przykład i zachęcając do takiej mentalności w zespole, stoiccy liderzy tworzą kulturę, która ceni przewidywanie, odporność i zdolność do stawiania czoła wyzwaniom ze spokojem.

Krótko mówiąc, wizualizacja potencjalnych przeszkód i mentalne przygotowanie się na nie to kluczowe praktyki stoickich liderów.

Strategie te wzmacniają osobistą odporność, umożliwiają proaktywne zarządzanie wyzwaniami i budzą zaufanie w zespole, demonstrując zdolność do podchodzenia do trudnych sytuacji ze spokojem i determinacją.

Ćwiczenia komunikacji empatycznej

Ćwiczenia komunikacyjne skoncentrowane na empatii, takie jak odgrywanie ról w celu poprawy aktywnego słuchania i empatycznego formułowania, są niezbędnymi narzędziami do wzmacniania umiejętności relacyjnych fundamentalnych dla stoickiego przywództwa.

Po pierwsze, ćwiczenia te zachęcają do rozwoju aktywnego słuchania. Stoiccy liderzy rozumieją znaczenie pełnego zrozumienia perspektyw i potrzeb swojego zespołu. Odgrywanie ról, które symuluje interakcje, pozwala liderom ćwiczyć uważne słuchanie, zwracając szczególną uwagę na emocje i potrzeby wyrażane przez ich rozmówców.

Po drugie, ćwiczenia te zachęcają do empatycznego formułowania wypowiedzi. Stoiccy liderzy starają się wyrażać swoje zrozumienie dla uczuć i punktów widzenia innych ludzi w empatyczny sposób. Odgrywanie ról zapewnia platformę do ćwiczenia wyrażania tej empatii w autentyczny sposób, poprzez przeformułowanie i potwierdzenie emocji i obaw rozmówców.

Co więcej, ćwiczenia te wzmacniają emocjonalną więź z zespołem. Ćwicząc aktywne słuchanie i empatyczne sformułowania, stoiccy liderzy nawiązują silniejsze i głębsze więzi ze swoimi współpracownikami. Tworzy to środowisko, w którym każdy czuje się wysłuchany, zrozumiany i doceniony, co sprzyja zaufaniu i współpracy w zespole.

Wreszcie, praktyki te wzmacniają umiejętności interpersonalne potrzebne do konstruktywnego rozwiązywania konfliktów. Rozwijając empatyczną komunikację, stoiccy liderzy są lepiej przygotowani do zarządzania napiętymi sytuacjami, wspierania interakcji opartych na szacunku i znajdowania rozwiązań uwzględniających potrzeby wszystkich zaangażowanych stron.

Krótko mówiąc, ćwiczenia komunikacyjne oparte na empatii, takie jak odgrywanie ról w celu poprawy aktywnego słuchania i empatycznego formułowania, są cennymi narzędziami dla stoickich liderów. Praktyki te wzmacniają podstawowe umiejętności relacyjne, promują pełne szacunku interakcje i przyczyniają się do konstruktywnego rozwiązywania konfliktów, tworząc w ten sposób środowisko sprzyjające skutecznemu i humanitarnemu przywództwu.

Ucieleśnienie stoickiego przywództwa

« *Szczęście zależy od jakości naszych myśli* ».

— Marek Aureliusz

Stoickie przywództwo to nie tylko metoda zarządzania, ale raczej filozofia życia, która wykracza poza zwykłe umiejętności menedżerskie. Zgłębiając zasady stoickie, odkrywamy ponadczasową mądrość, która oferuje nieocenione narzędzia do mądrego i etycznego poruszania się po złożonych wyzwaniach współczesnego świata.

Stoicy pozostawili nam bezcenne dziedzictwo: wyraźne rozróżnienie między tym, co zależy od nas, a tym, co nie. To fundamentalne pojęcie stanowi solidną podstawę, na której budowane jest autentyczne, przemyślane przywództwo. Koncentrując naszą energię na naszych działaniach, naszych wartościach i naszej zdolności do etycznego reagowania na sytuacje, tworzymy autentyczne i odpowiedzialne przywództwo, które jest zakorzenione w rzeczywistości.

Stoicyzm zachęca nas do kultywowania cech, które są niezbędne w stale zmieniającym się świecie: odporności, zdolności adaptacyjnych i jasności umysłu. Cechy te pozwalają nam kierować zespołami z mądrością i wizją. Stosując stoicką samokontrolę, przekształcamy wyzwania w możliwości rozwoju i innowacji, zamiast pozwalać sobie na przytłoczenie trudnościami.

Przykłady stoickich liderów, czy to ze starożytności, czy ze współczesnego świata, ilustrują siłę i znaczenie tych zasad w rzeczywistych sytuacjach. Ich niezachwiana uczciwość, spokój w obliczu przeciwności losu i długoterminowa wizja stanowią inspirujące modele ucieleśniania tych wartości w codziennym życiu.

Przyjmując podejście stoickie, liderzy kształtują środowiska pracy, które charakteryzują się odpowiedzialnością, klarownością i empatią. Regularna praktyka ćwiczeń stoickich i ich integracja z życiem zawodowym prowadzi do głębokiej transformacji przywództwa. Prowadzi to do zmotywowanych, odpornych i współpracujących zespołów, w których każdy czuje się wysłuchany, szanowany i doceniany.

Zatem ucieleśnienie stoickiego przywództwa nie jest po prostu strategią zarządzania, ale zaproszeniem do przyjęcia sposobu życia i przywództwa, który wnosi równowagę, mądrość i etykę do każdego aspektu naszego życia zawodowego i osobistego. To właśnie w tej zbieżności między starożytną mądrością a współczesnymi wyzwaniami leży klucz do zrównoważonego, oświeconego i humanitarnego przywództwa.

Podobała ci się ta książka?

Możesz zostawić komentarz
na jego stronie, bardzo dziękuję!